BEI GRIN MACHT SICH IHR WISSEN BEZAHLT

AF144790

- Wir veröffentlichen Ihre Hausarbeit,
  Bachelor- und Masterarbeit

- Ihr eigenes eBook und Buch -
  weltweit in allen wichtigen Shops

- Verdienen Sie an jedem Verkauf

Jetzt bei www.GRIN.com hochladen und kostenlos publizieren

Marcel Hylla

Die Instrumentalmusik der Toba- und Karo-Batak (Nordsumatra, Indonesien). CD-Besprechung

GRIN Verlag

Bibliografische Information der Deutschen Nationalbibliothek:

Die Deutsche Bibliothek verzeichnet diese Publikation in der Deutschen National-
bibliografie; detaillierte bibliografische Daten sind im Internet über http://dnb.d-
nb.de/ abrufbar.

Impressum:

Copyright © 2004 GRIN Verlag GmbH
Druck und Bindung: Books on Demand GmbH, Norderstedt Germany
ISBN: 978-3-656-48084-6

Dieses Buch bei GRIN:

http://www.grin.com/de/e-book/27632/die-instrumentalmusik-der-toba-und-karo-
batak-nordsumatra-indonesien

GRIN - Your knowledge has value

Der GRIN Verlag publiziert seit 1998 wissenschaftliche Arbeiten von Studenten, Hochschullehrern und anderen Akademikern als eBook und gedrucktes Buch. Die Verlagswebsite www.grin.com ist die ideale Plattform zur Veröffentlichung von Hausarbeiten, Abschlussarbeiten, wissenschaftlichen Aufsätzen, Dissertationen und Fachbüchern.

Besuchen Sie uns im Internet:

http://www.grin.com/

http://www.facebook.com/grincom

http://www.twitter.com/grin_com

Paderborn im März 2004

Universität Paderborn
Fachbereich 04
WS 03/04
Proseminar: „Einführung in das Studium außereuropäischer Musik"

Die Instrumentalmusik der Toba- und Karo-Batak (Nordsumatra, Indonesien)

CD-Besprechung

Marcel Hylla

Inhalt:

1. Einleitung

Der folgende Text setzt sich mit der kommentierten Doppel-CD, die „Instrumentalmusik der Toba- und Karo-Batak" von Prof. Artur Simon in Nordsumatra und Indonesien, unter Einbezugnahme der geschichtlichen, sowie geographischen Entwicklungen und Gegebenheiten auseinander. Des Weiteren erfolgt noch eine Beschreibung des Booklets und eine kurze, kritische Auseinandersetzung mit demselbigen.

2. Die Kultur und die Musik der Batak-Völker

2.1 Geographische Lage und kulturelle Entwicklung

Das Volk der *Batak* lebt auf der südlich von der malaiischen Halbinsel gelegenen, zweitgrößten indonesischen Insel, Sumatra. Das Volk der *Batak* wird in fünf große Untergruppen, die *Toba*, die *Karo*, die *Simalungun*, die *Pakpak* und die *Angkola/Mandailing*.

Alle fünf Völkergruppen besitzen eine ähnliche Sozialstruktur, die in der *adat*, dem traditionellen Verhaltenskodex verankert ist. Ihren Lebensunterhalt bestreiten diese Völker vorwiegend durch die Landwirtschaft und dem Handel mit den daraus entstandenen Gütern. Im Gegensatz zu dem Volk der *Toba*, welches im tropischen Flachland wohnt und sich folglich vorwiegend auf den Reisanbau spezialisiert hat, haben die *Karo* durch ihre geographische Lage im sogenannten *Karo-Hochland*, bedingt durch das Wetter eine größere Auswahl an landwirtschaftlichen Erzeugnissen zur Verfügung.

Aufgrund von geschichtlichen Erkenntnissen ist anzunehmen, dass die *Batak*, durch die sich schon seit dem 7. Jahrhundert auf Sumatra gebildeten indisch, sowie hinduistisch geprägten Reiche, kulturell enorm geprägt worden sind. So sind z.b. die Schrift und die zahlreichen Sanskritentlehnungen in der Sprache der *Batak* südindischen Ursprungs.

Im 13. Jahrhundert setzte dann, an der Küste beginnend die Islamisierung Sumatras ein. Der islamitische Glaube konnte sich jedoch im Gegensatz zu den Küstenvölkern bei den *Batak*, bis auf einige begriffliche Übernahmen, wie z.B. *adat*, das als Oberbegriff für Sitte, Brauchtum, Sozialverhalten und die hierdurch wiederum bedingte Tradition steht, nicht durchsetzten. Ca. ab der Mitte des 19. Jahrhunderts, begann dann durch die Missionare der *Rheinischen Missionsgesellschaft*, die Christianisierung auf Sumatra. Folge war, dass bis heute ungefähr 80 % der *Toba* zum Christentum übergetreten sind. Um so erstaunlicher ist es, dass sich die *gondang* genannte Zeremonialmusik, verbunden mit einer Reihe der alten sozialen Feste und *adat*-Tänze, noch bis in die heutige Zeit erhalten konnte. Im Folgenden möchte ich diese Zeremonialmusik der *Toba* näher erläutern.

2.2 Die *gondang* - Musik der Toba-Batak

Trotz dem überwiegend ausgeprägten christlichen Glauben ist die *gondang* (von malaiisch *gendang* = Trommel) genannte Zermonialmusik der *Toba-Batak* noch eng mit den Glaubenselementen und Sozialvorstellungen der *Batak* verbunden. Bei der Betrachtung der religiösen, sowie sozialen Funktion dieser Musik, muss man den ursprünglich vorchristlichen von dem heutigen, weitestgehend christlich geprägtem Zustand unterscheiden. Ursprünglich umfasst die gondang-Musik die religiöse, sowie soziale Funktion gleichermaßen. So diente sie zum Einen der Verehrung der Götter (s. z.B. CD 24:5 *„gondang Mulajadi na Bolon")* und wurde gleichermaßen auch zur Kontaktaufnahme oder Anrufung von Geistern, z.B. dem *begu* (Totengeist, durch den die Menschen nach ihrem Tod weiter bestehen) gebraucht. Heutzutage sind nach wie vor die wichtigsten sozialen Feste der *Toba*, wie z.B. das Ahnenfest *„ulaon panangkokhon saring-saring"*, die Zweitbestattung der Ahnen, sowie die Totenfeste eng mit dem gondang verbunden. Des Weiteren wird der gondang in der heutigen Zeit aber auch bei Festen, wie z.B. Erntefesten, Jugendtänzen und Kirchenjubiläen, die nicht in der *adat*, dem traditionellen Verhaltenskodex der *Batak* verankert sind, gespielt.

In den letzten Jahren bildeten sich vorwiegend in der Gegend um *Balige* folgende vier *gondong*-Arten heraus:

1. der *„gondong tortor adat"*, der zur Begleitung der *adat*-Tänze gespielt wird

2. der *„gondong riang-riang"* („fröhlicher *gondang")*, der vor Allem bei
   Jugend- und Erntefesten, sowie öffentlichen Veranstaltungen gespielt wird
3. der *,gondang mandudu"*, der zum Anrufen von Geistern gespielt wird
4. der *„gondang arsak"* („trauriger *gondang")*, der bei traurigen Anlässen, wie z.B.
   Totenfesten gespielt wird

2.3. Die Instrumente und das Zusammenspiel des *gondang*

Die Zeremonialmusik der Toba wird von einer Instrumentalbesetzung ausgeführt, die wie die
Musik selbst als *gondang* bezeichnet wird. Diese Besetzung wird als *gondang sarune*
bezeichnet und setzt sich aus folgenden Musikinstrumenten zusammen.

Die *sarune* oder *sarunei*, auch *sarune bolon* genannt, ist ein konisch geformtes
Doppelrohrblatt- oder Oboeninstrument, mit einer Länge von ca. 63-67 cm, mit fünf
Grifflöchern auf der Vorderseite und einem weiteren Daumenloch auf der Rückseite. Der
Tonumfang der *sarune* umfasst die Basistöne $g\text{-}c^1\text{-}d^1\text{-}e^1\text{-}f^1\text{-}g^1$, auf dem der weitaus größte
Teil der *gondang*-Melodien beruht.   Sie ist in der Regel einzeln besetzt, wobei zur
Stimmverstärkung bei größeren Festen ein weiterer Spieler hinzukommen kann, der dann die
gleiche Melodie spielt.

Das Trommelspiel *taganing* oder *tataganing* genannt, ist dem pargonsi, dem Leiter der
Gruppe vorbehalten. Es besteht aus fünf untereinander abgestimmten Trommeln, bei denen
aus der Sicht des Spielers die Größe von links nach rechts zunimmt. Die Trommeln sind
außen leicht gewölbt, besitzen innen einen zylindrischen, nach unten geöffneten
Trommelkörper und sind meist mit einem Fell aus Wasserbüffel-, Kuh- oder Ziegenhaut
bespannt.

Des Weiteren gibt es noch die Basstrommel *gordang*, die von ihrem Aufbau her den
tataganing ähnelt und sich nur deutlich durch ihre Größe von ihnen unterscheidet. Diese wird
von einem Spieler mit zwei Stöcken gespielt.

Zusätzlich existiert noch die kleine zweifellige Fasstrommel *odap*, die jedoch nur bei
bestimmten Stücken mit altreligiösem Bezug, an Stelle der *taganing* vom *pargonsi*
geschlagen wird. Heutzutage ist die *odap* jedoch nur noch äußerst selten vorzufinden.

Eine weitere wichtige Rhythmusgruppe des *gondang* ist die Gong-Gruppe *ogung*. Diese
besteht aus vier sogenannten Buckelgongs unterschiedlicher Größe und Tonhöhe. Dabei
klingen zwei offen, während die anderen beiden, von dem Spieler mit dem Arm abgedämpft
werden. Jeder Gong wird hierbei von einem anderen Spieler angeschlagen. Hierbei ist der

5

oloan mit 41 cm Durchmesser der tiefste Gong (offen klingend), der als erstes geschlagen wird. Als nächstes folgt die Antwort des *ihutan* mit 38 cm Durchmesser (offen klingend), gefolgt von dem *doal na godang*, der gedämpft gespielt wird und einen Durchmesser von 36 cm besitzt, und als letztes der *pangorra*, der mit 35 cm den kleinsten und am höchsten klingenden Gong (wird auch gedämpft gespielt) der *ogung* darstellt.

Das letzte Instrument des *tataganing* ist die Aufschlagplatte *hesek-hesek*, die meist von einem Jungen, gleichmäßig zur Rhythmusvorlage gespielt wird. Sie besteht in der Regel aus einer Eisenplatte, die jedoch in Ausnahmefällen auch durch z.b. leere Flaschen ersetzt werden kann.

Das Zusammenspiel des *godang* weist zwei herausragende Merkmale auf. Zum Einen das melodische, heterophone Zusammenspiel von *sarune* und *taganing* und zum Anderen die typische und markante Hintergrundbegleitung der Gonggruppe.

Obwohl alle Instrumente des *gondang* im Allgemeinen aufeinander abgestimmt sind, gibt es jedoch sehr große Unterschiede zwischen den einzelnen Tonhöhentoleranzen.

Das Zusammenspiel der Gongs bildet das rhythmische Grundgerüst für den musikalischen Ablauf der einzelnen Stücke. Hierbei spielen die Gongs einen, für alle Stücke gleichbleibenden Rhythmus, der sich nur in Form von unterschiedlichen Tempi verändert.

Das für den Toba *gondang* markante Rhythmusmerkmal entsteht durch Schläge auf die beiden offenen Gongs, die durch gleichmäßige, doppelt so schnell gespielte Schläge auf der *hesek-hesek* unterlegt werden. Hierzu werden gleichmäßige Gegenschläge auf den beiden gedämpften Gongs gespielt.

Die Heterophonie des *Toba gondang*-Spiels, die bei keinem anderen Batak-Volk aufzufinden ist, entsteht durch das hinzutretende Trommelspiel des *taganing*. Dieses hat keine wirkliche rhythmische Funktion, sondern dient lediglich der rhythmischen Akzentuierung des musikalischen Ablaufs.

Fast alle Stücke des *gondang*-Spiels besitzen eine standardisierte Einleitung, bei der tanganing-Spieler mit einer typischen Spielfigur, die meist aus fünf Schlägen besteht, und von gleichmäßigen, der Gruppe das Tempo vorgebenden Schlägen gefolgt ist, einsetzt. Gefolgt von der ersten Gongeinheit, die bereits auf dem dritten Schlag des *tanganing*-Spielers erfolgt, verdoppelt der *tanganing*-Spieler nach dem Einsatz der zweiten Gongeinheit seine Schlagfolge, und die *sarune* setzt mit ihrer typischen Einleitungsthematik ein.

Erst nach dieser Einleitung beginnt das eigentliche Thema, welches je nach Art des Stückes mit mehr oder weniger Varianten wiederholt wird. Grundlagen für die Themen bilden häufig, wie z.B. beim *godong riang-riang* vokale Vorlagen.

3. Gestaltung des Booklets

Das Booklet der Doppel-CD „Instrumentalmusik der Toba- und Karo-Batak", das in der Reihe „Museums Collection Berlin" von dem Musikethnologen Prof. Artur Siomon verfasst wurde, umfasst 187 Seiten.

Das Titelphoto des Begleitheftes zeigt eine farbige Aufnahme des *taganing-* und *pargonsi-*Spielers „Lima Sirait" und des *gordang-*Spielers „Makdin Butarbutar", während einer Aufnahmesitzung im September 1981.

Die Innenseite des Covers zeigt eine Karte Sumatras und eine Karte der indonesischen Inselgruppe auf, durch die dem Leser/Hörer die geographische Lage Sumatras, sowie die Lage der *Batak*-Völker aufgezeigt werden soll. Auf den ersten beiden Seiten folgt eine Auflistung der auf den CDs vorhandenen Titeln (CD 24 enthält 14, CD 25 enthält acht Titel), und eine Übersicht über den Inhalt des Booklets.

Auf den Seiten drei bis 59 erfolgt der deutsche Kommentar von Artur Simon, bei dem zu Beginn die geographische Lage, sowie die geschichtliche und kulturelle Entwicklung der *Batak*-Völker und ihrer Religion dargestellt werden. Des Weiteren führt Simon die verschiedenen Instrumente und Besetzungen, sowie das Zusammenspiel der *gondang*-Musik der *Toba* und der *gendang*-Musik der *Karo* auf. Ergänzend sind noch einige Tabellen, mit Angaben zu Aufnahmeorten, und Angaben zu unterschiedlichen Instrumenten, sowie einige transkribierte Noten- und Rhythmusbeispiele aufgeführt.

Die Seiten 28 bis 58 stellen die einzelnen Musikstücke der CDs, mit teilweise musikanalytischen Erklärungen und der Übersetzung einiger Originaltexte, die zum besseren Verständnis für den Leser/Hörer beitragen sollen, vor.

Des Weiteren werden auf den Seiten 59 bis 86 einige schwarz-weiß Photographien gezeigt, welche die geographischen Gegebenheiten Sumatras mit Hilfe von Landschaftsaufnahmen darstellen. Überwiegend jedoch werden Aufnahmen von Musikern und Tänzern gezeigt, wodurch es dem Leser/Hörer ermöglicht wird, sich ein möglichst detailgetreues Bild von der dargestellten Musik, den Tänzen und deren Abläufen zu machen.

Von Seite 86 bis 125 sind Notenbeispiele der auf den CDs vorhandenen Stücken zu finden, woraufhin ab Seite 125 der englischsprachige Kommentar von Artur Simon erfolgt.

Abschließend sind auf den Seiten 180 bis 189 Literaturhinweise und –angaben, sowie zusätzliche Daten und Referenzen aufgeführt.

4. Kritische Beurteilung des Booklets

Das vorliegende Booklet stellt in Verbindung mit der Doppel-CD die langjährigen Forschungen und Ergebnisse von Prof. Artur Simon dar, die er als Leiter des Berliner Phonogramm Archivs des Ethnologischen Museums in Berlin, nun in der CD Reihe „Museums Collection Berlin" veröffentlicht hat.

Aufgrund der guten Gliederung und der detailreichen Ausführung des Booklets, kann einem interessierten Leser/Hörer unter zu Hilfenahme der CD die traditionelle Musik der Batak-Völker leicht verständlich näher gebracht werden. Hierbei ist jedoch anzumerken, dass eine gewisse musikalische Vorbildung und auch ein gewisses Maß an Interesse für diese Art von Kultur und Musik vorhanden sein muss, da diese Musik aus Sicht des abendländischen Musikverständnisses für die meisten Menschen einen fremdartigen Charakter und Klang haben dürfte.

Da Artur Simon diese CD jedoch nicht unter einem kommerziellen Aspekt, sondern unter musikethnologischen Beweggründen, die zur Wahrung und vor Allem zur Kenntnisnahme fremder Musikkulturen und Traditionen beitragen sollte, herausgebracht hat, bin ich der Meinung, dass die Käufer dieser CD auch mit der nötigen musikalischen Offenheit, sowie genügend wissenschaftlicher Objektivität ausgestattet sind, um somit mit diesen „fremdartigen Klängen" umgehen zu können.

Abschließend ist zu sagen, dass es Artur Simon mit dieser CD sehr gut gelungen ist, nicht nur die traditionelle Musik der Batak-Völker, sondern auch ihre Geschichte und Kultur dem Leser/Hörer näher zu bringen. Des Weiteren trägt diese CD meiner Ansicht nach, durch Simons ausführliche Beschreibungen der Musik in Bezug auf ihre rituellen Kontexte, und den teilweise illustrierten Erläuterungen der einzelnen Stücke, sehr gut zur Bewahrung, Speicherung und Vermittlung der Musik der Batak, bei.